BEI GRIN MACHT SICH IHR WISSEN BEZAHLT

AF145783

- Wir veröffentlichen Ihre Hausarbeit, Bachelor- und Masterarbeit

- Ihr eigenes eBook und Buch - weltweit in allen wichtigen Shops

- Verdienen Sie an jedem Verkauf

Jetzt bei www.GRIN.com hochladen und kostenlos publizieren

Bibliografische Information der Deutschen Nationalbibliothek:

Die Deutsche Bibliothek verzeichnet diese Publikation in der Deutschen National-
bibliografie; detaillierte bibliografische Daten sind im Internet über http://dnb.d-
nb.de/ abrufbar.

Impressum:

Copyright © 2016 GRIN Verlag
Druck und Bindung: Books on Demand GmbH, Norderstedt Germany
ISBN: 9783668686977

Dieses Buch bei GRIN:

https://www.grin.com/document/418451

Matti Ulrich

Erläuterung von Social-Media-Kampagnen. Coca-Cola, Greenpeace und Ben&Jerry's

GRIN Verlag

GRIN - Your knowledge has value

Der GRIN Verlag publiziert seit 1998 wissenschaftliche Arbeiten von Studenten, Hochschullehrern und anderen Akademikern als eBook und gedrucktes Buch. Die Verlagswebsite www.grin.com ist die ideale Plattform zur Veröffentlichung von Hausarbeiten, Abschlussarbeiten, wissenschaftlichen Aufsätzen, Dissertationen und Fachbüchern.

Besuchen Sie uns im Internet:

http://www.grin.com/

http://www.facebook.com/grincom

http://www.twitter.com/grin_com

Einsendeaufgabe

Erläuterung von Social-Media-Kampagnen der Organisationen Coca-Cola, Greenpeace und Ben&Jerrys

Abgegeben am 27.12.2016

SRH FernHochschule Riedlingen

Modul: Mediengestaltung

Studiengang: Medien- und Kommunikationsmanagement

von

Mathias Ulrich

Inhalt

1. A1) Coca-Cola-Kampagne „Trink 'ne Coke mit "

1.1 Inhalt und Themenschwerpunkt

Die Kampagne „Trink 'ne Coke mit" des amerikanischen Limonadenherstellers Coca-Cola findet ihren Ursprung in Australien und wurde 2013 auch in Deutschland gestartet (vgl. Hegemann 2014). Dabei verzichtet der Konzern erstmals in seiner Unternehmensgeschichte auf das eigene Logo auf dem Produkt und ersetzt es durch geläufige Vor- und Kosenamen (vgl. Saal 2013). Die Kampagne ist zeitlich begrenzt, wurde aber aufgrund ihres großen Erfolges bereits wiederholt. Die Zielgruppen sind dabei vor allem Jugendliche (12 – 17 Jahre), aber auch junge Erwachsene (18 – 29) (vgl. Coca-Cola 2013).

Bei Kampagnenstart wurden 70% der im Handel erhältlichen Flaschen mit 148 aktuellen Vornamen und 30% mit 16 „teenagerrelevanten Begriffen" wie Held, Prinzessin, Bruderherz oder Supergirl bedruckt (vgl. Schobelt 2013). Diese Begriffe ermöglichen es, Personen mit nicht aufgeführten Namen, wie beispielsweise ältere Familienmitglieder, mit einzubinden. Zum Zeitpunkt der Erstellung dieser Arbeit kann man online mehr als 30.000 Namen[1] oder Kosenamen auf die Produkte drucken lassen und direkt an sich, Freunde oder Verwandte schicken.

Die Kampagne sticht zudem durch ihre digitale Ergänzung sowie hohe Präsenz in sozialen Medien heraus. Vorgestellt wurde die Aktion auf Europas größter Jugendmesse „YOU". Hier präsentierten Meinungsführer und YouTube-Stars, wie Sami Salmani, das neue Flaschendesign und erreichten, unterstützt durch im Anschluss veröffentliche Videos mit Bezug auf das Event, eine hohe Aufmerksamkeit bei Jugendlichen und jungen Erwachsenen (vgl. Schobelt 2013). Die als Kultband angesehene Musikgruppe „Laserkraft 3D" produzierte zudem einen Soundtrack zur Kampagne, inklusive eines Musikvideos in dem die personalisierten Colaflaschen die Hauptrolle spielen[2]. Die Agenturen Scholz & Volkmer, MediaCom, Mediacom Inter-action, Ogilvy & Mather, fischerAppelt

---

[1] https://www.meinecoke.de/
[2] https://www.youtube.com/watch?v=4PoLrjyPCJQ

relations, Wonderlandmovies, brandnewmusic und Roth & Lorenz waren an der Kampagne beteiligt (vgl. fischerAppelt 2014).

1.2 Gestalterische Elemente/Corporate Design

Das Design der Kampagne entspricht dem öffentlichen Auftritt der Marke Coca-Cola. Das Unternehmen tritt durch eine übersichtliche Darstellung mit starkem Wiedererkennungswert hervor. Vor allem die farbliche Gestaltung durch das typische „Coca-Cola-Rot und die schlichte Verwendung weniger weiterer Farben, wie weiß, grau und schwarz, weckt eine direkte Assoziation mit der Marke.

Das Logo der Marke, welches sich über Jahrzehnte kaum verändert hat und durch die geschwungene Schriftart dynamisch und frisch wirkt, wird in allen Medienformaten gewohnt großflächig in Szene gesetzt. Im Mittelpunkt steht jedoch in dieser Kampagne erstmals nicht der mit der Schriftart „Spencerian Script" generierte Coca-Cola-Schriftzug auf der Flasche, der sonst als wichtigstes Branding-Element gilt. Dieser wird durch den Slogan „Trink ne Coke mit…" sowie einer großen Auswahl von bekannten deutschen Namen und jugendrelevanten Begriffen ersetzt, welche in der eigens von Ian Brignell für Coca-Cola entworfene Schriftart „You" gehalten sind und somit den Eindruck erwecken, fester Bestandteil des Produkts selbst zu sein[3]. Ebenso sorgen unveränderte Angaben, wie die Zutatenliste, Kalorienübersicht oder die Füllmenge der Flasche, für ein fast gleichbleibendes Bild des Etikettes.

Der Wiedererkennungswert der Marke wird weiterhin durch gleichbleibende gestalterische Elemente, wie den typischen geschwungenen weißen Streifen unterhalb des Schriftzuges, gesichert und in allen Formaten aufgegriffen. So sind sowohl großflächige Plakate[4], TV-Spots[5], Print-Anzeigen als auch Social Media Auftritte im Corporate Design gehalten. Auch hier verrät das Coca-Cola-Rot, in Verbindung mit der Schriftart, schon auf den ersten Blick, um welche Marke es sich handelt. Zusätzlich wurde die Kampagne mit einem eigenen Soundtrack

---

[3] http://www.ianbrignell.com/graphics/logos/logo_222_full.gif
[4] http://www.horizont.net/news/media/8/ber-OoH-Werbemit-wil-Coc-Col-bis-zu-80-Millio-Kont-79488.jpeg
[5] https://www.youtube.com/watch?v=dEkwVNDXLpc

versehen, der den Wiedererkennungswert bei allen Videos, die zur Kampagne gehören, stark erhöht.

1.3 Beabsichtigte Zielsetzung

Coca-Cola will mit „Trink 'ne Coke mit" nach eigener Aussage die Freundschaft in den Mittelpunkt stellen. Das hauseigene Institut für Freude („Happiness Institut") hat Forsa-Umfragen über Freundschaft in Auftrag gegeben. Diese belegen beispielsweise, dass 61 % der Teenager im Alter von 14 – 19 Jahren einen besten Freund/eine beste Freundin haben, sowie dass 79 % der Befragten es für unverzichtbar halten, mit ihrem besten Freund über alles reden zu können (vgl. Effner 2013). Mit den personalisierten Produkten als Geschenk soll einem Freund Dankbarkeit ausgedrückt werden. Außerdem soll das gemeinsame Trinken einer Cola für mehr Zeit miteinander sorgen. Im kurz vor Kampagnenstart veröffentlichten Salesfolder spricht Coca-Cola davon durch die personalisierten Produkte starke, positive Emotionen zu erzeugen. Es wird dazu aufgefordert einem Freund/einer Freundin eine Cola mitzubringen. Dies soll in Deutschland, wie auch bereits in Australien, wo ein Anstieg von 4% verzeichnet wurde, zu mehr Absatz führen (vgl. Coca-Cola 2013). Die hohe Personalisierung bringt schließlich auch die Marke näher an den Kunden – Coca-Cola selbst wird zum Symbol der Freundschaft.

Ein weiteres Ziel der Kampagne liegt in der Erhöhung der Reichweite in sozialen Netzwerken. Die vor allem dort breit angesiedelte Kampagne unterstreicht den Fokus auf die eher junge Zielgruppe. Zwar werden auch eigene Kampagnenseiten im Social Web erstellt, doch die Kampagne läuft ebenso über die „Standardkanäle" des Unternehmens, also beispielsweise der offiziellen Facebookpage oder dem YouTube-Channel. Dadurch generierte Follower folgen Coca-Cola auch nach Ablauf der Kampagne, womit die Reichweite in den sozialen Netzwerken dauerhaft erhöht wird. Auf diese Basis kann auch zukünftig, beispielsweise bei neuen Social-Media-Kampagnen, zurückgegriffen werden.

Weiter versucht Coca-Cola sein Image rund um das Thema „Freude" zu manifestieren. Zwar steht die Freundschaft im Mittelpunkt, doch wird immer wieder auf die gemeinsame Freude hingewiesen bzw. erläutert, dass anderen eine Freude gemacht werden kann. Bereits 2012 gründete Coca-Cola dafür ein eigenes Institut für die Erforschung von Freude[6], welches nach eigener Aussage das Ziel verfolgt, einen „Dialog über Lebensfreude in Deutschland voran[zu]bringen", indem es sein „Wissen und die Erkenntnisse anderer [..][bündelt] und einer breiten Öffentlichkeit zur Verfügung [...][stellt]" (vgl. Sperlich 2014).

Hauptziel der Kampagne bleibt die Umsatzsteigerung bzw. Gewinnmaximierung. Nachdem die Kampagne ihren Ursprung in Australien fand und eine Umsatzsteigerung von 4 % verursachte, wurde sie weiterverbreitet. Nach 11 Jahren Verkaufsrückgang verzeichnete Coca-Cola in Deutschland nach der Kampagne erstmals wieder ein Verkaufsplus von 0,4 % (vgl. chip.de 2014).

1.4 Wirkung/Resonanz bei den Zielgruppen/Konsumenten

Die Kampagne wurde von der Zielgruppe außerordentlich gut angenommen und erzeugte für einen längeren Zeitraum eine hohe Aufmerksamkeit. Neben unzähligen Bildern in sozialen Medien, auf denen die entsprechenden Colaflaschen zu sehen waren[7], wurden auch die von Coca-Cola, bzw. zwei der unterstützenden Agenturen Fischer Appelt Relations und Scholz & Volkmer, initiierten Maßnahmen, viel genutzt. Die auf den Flaschen angebrachten QR-Codes mit Verweis auf die Kampagnenwebsite wurden im ersten Kampagnenzeitraum (01.06.2013 – 01.10.2013) 264.000-mal gescannt. Diese eigens produzierte Website wies 4.200.000 Besucher auf, 1.300.000 davon von mobilen Endgeräten. 880.000-mal wurde auf Google nach der Aktion gesucht (vgl. Scholz&Volkmer 2015a). Das von der Kultband „Laserkraft 3D" produzierte Musikvideo zur Kampagne wurde bis heute über eine Million Mal angeschaut[8]. Ebenso war es möglich, die im Video zu sehenden Flaschen, welche mit Namen versehen sind, auf einer entsprechenden Website zu personalisieren. Allein auf

---

[6] http://www.coca-cola-deutschland.de/das-coca-cola-happiness-institut
[7] Bspw.: https://scontent.cdninstagram.com/hphotos-xaf1/t51.2885-15/s320x320/e15/11265031_953832504648352_639425430_n.jpg
[8] https://www.youtube.com/watch?v=4PoLrjyPCJQ

diesem Weg wurden 150.000 Videos von Usern generiert und insgesamt 2,4 Millionen Mal angesehen.

Zusätzlich wurden die Kunden dazu motiviert besonders kreative Fotos mit einer personalisierten Colaflasche zu posten. Täglich wurde von Coca-Cola ein „Picture Of The Day" gekürt, was auf der Kampagnenseite in verschiedenen sozialen Netzwerken veröffentlicht wurde. Diese Aktion führte zu 59.000 usergenerierten Posts, welche wiederum 12,6 Millionen zusätzlichen Aktivitäten auslösten (vgl. Scholz&Volkmer 2015a).

Im Jahr 2014 gewann die Kampagne als Effektivste im Bereich „Food" den goldenen „Effie" (vgl. Nowland 2014). Darüber hinaus wurde sie mit dem ADC (Art Directors Club für Deutschland) Award, Annual Multimedia Award, deutschen digital award, deutschen mediapreis, deutschen Preis für Onlinekommunikation, kontakter Client Award und dem new media award ausgezeichnet (vgl. Scholz&Volkmer 2015b).

2. A2) Greenpeace mit Gamification-Petition: „Volkswagen – The Dark Side"

2.1 Inhalt und Themenschwerpunkt

Volkswagen (VW) präsentierte während des Superbowls am 06.02.2011 den Werbespot „The Force", in dem ein Kind sich als Darth Vader, einem berühmten, bösen Charakter aus den Star-Wars-Filmen, verkleidet und versucht durch Gedankenkraft elektronische Gegenstände im Haus zu aktivieren oder zu bewegen. Vermeintlichen Erfolg hat er beim Volkswagen Passat seines Vaters, während dieser das Auto fernverriegelt. Die Werbung wurde von vielen Kritikern gelobt und hatte bereits vor dem Anstoß des Superbowls mehr als 17.000.000 Views auf YouTube (vgl. Sanburn 2016).

Bezugnehmend auf diesen Werbespot initiierte die Umweltschutzorganisation Greenpeace die Kampagne „VW – The Dark Side". Mit dem Report „Die dunkle Seite des Volkswagen-Konzerns" vom 01.06.2011 macht Greenpeace darauf aufmerksam, dass Volkswagen sich als Europas größter Automobilhersteller gegen Gesetze zur Wehr setzt, die eine Senkung des CO2-Ausstoßes von Neuwagen zur Folge haben. Greenpeace wirft VW außerdem vor, dass bereits spritsparende Fahrzeuge entwickelt worden sind, diese Prototypen aber sehr teuer sind, nie in die Massenproduktion gelangen und vom Konzern in einer Art und Weise präsentiert werden, dass sie von der insgesamt schlechten Öko-Bilanz ablenken. Greenpeace verweist darauf, dass jedes fünfte Auto in Europa ein Volkswagen ist und sich das Unternehmen das Ziel gesetzt hat, bis 2018 größter Autohersteller der Welt zu werden – umso wichtiger ist für die Organisation ein verantwortungsvoller Umgang mit der Umwelt (vgl. Greenpeace e.V. 2011, S. 2 ff).

Die Kampagne wird außerdem durch zwei Werbespots ergänzt, die an den VW-Werbespot anschließen. Eine Gruppe von Kindern, als Star-Wars-Charaktere der sogenannten Rebellion kostümiert, stellen sich dem Darth-Vader-Jungen entgegen. Am Himmel erscheint der aus den Filmen bekannte „Todesstern" mit VW-Logo und beginnt die Welt unter Beschuss zu nehmen[9]. Im zweiten Spot wird dort ein riesiges Plakat gehisst, eine Protestaktion für die Greenpeace bekannt ist, auf dem an die Rettung der Erde appelliert wird. Abschließend tanzen die Kinder zusammen, was darauf schließen lässt, dass Darth Vader eingeknickt ist und sich der Rebellion angeschlossen hat[10]. Der Schlusstext „Gemeinsam können wir VW von der dunklen Seite abwenden" unterstreicht den für Greenpeace Protestaktionen eher friedlichen und versöhnlichen Umgangston in der Kampagne. Zwar wird VW als die dunkle Macht dargestellt, die wissentlich den Planeten schädigt. Dennoch betont Greenpeace immer wieder mit Volkswagen zusammen eine Lösung finden zu wollen (vgl. Greenpeace-Pressestelle 2011).

Der Schwerpunkt der Kampagne liegt auf einem modernen Onlineauftritt, gepaart mit spielerischen Elementen. Zwar gibt es auch teils großangelegte Aktionen in Städten, wie eine Stormtrooperinvasion in London[11], aber der Großteil der Kampagne spielt sich online ab. Zudem werden User dazu aufgefordert aktiv an der Kampagne teilzunehmen, indem sie selbst Videos zum Thema drehen und

---

[9] https://www.youtube.com/watch?v=W6c9SJFjd_8
[10] https://www.youtube.com/watch?v=9z8mZ6eubVw
[11] https://www.youtube.com/watch?v=NAmYUcw3i5g

auf einer eigens dafür kreierten Seite hochladen. Andere Nutzer können diese Videos dann bewerten und für einen Favoriten abstimmen.

2.2 Gestalterische Elemente/Corporate Design

Greenpeace verzichtet in dieser Kampagne fast durchgehend auf das geschlossene Unternehmens-Erscheinungsbild. Das Logo von Greenpeace ist in hellem grün gehalten und wird durch den schlichten, weißen Schriftzug „Greenpeace" ergänzt, der einen „selbstgeschriebenen" Eindruck macht[12]. In verschiedenen Teilen der Kampagne greift die Organisation auf die Schriftart „VW Headline OT"[13] zurück. Die eigens von VW entwickelte Schriftart wird von vielen erkannt und dem Unternehmen zugeordnet, welches so automatisch mit der Kampagne und den abgebildeten Inhalten in Verbindung gebracht wird. In anderen Teilen der Kampagne wird zudem die Schriftart „Starwars"[14] benutzt, welche an das Logo der Filmreihe angelehnt ist, um weiterhin den Bezug zu den Werbespots und dem Hauptslogan „VW – The Dark Side" zu generieren. Aufgrund der großen Beliebtheit der Filmreihe sorgt die alleinige Benutzung dieser unverkennbaren Schrift bereits für eine hohe Aufmerksamkeit.

Auch neben der Schrift nutzt Greenpeace viele weitere Elemente aus der Star-Wars-Saga. So wird jeder, der sich mit einer Unterschrift der Petition anschließt, als Teil der „Rebellion" bezeichnet, „Stormtrooper" marschieren durch London und die bereits erwähnten Kinder aus den Werbespots spiegeln nahezu alle wichtigen Charaktere der Filme wieder. Ein weiteres Element ist die verwendete Musik in den Clips. Wie VW auch, verwendet Greenpeace „The Imperial March"[15] als Hintergrundmusik für den ersten Clip. Weiter werden „Star Wars Theme Song"[16] und „Cantina Song"[17] benutzt – zwei weitere Lieder die unverwechselbar mit Star Wars in Verbindung gebracht werden und entsprechendes Interesse und

---

[12] http://www.greenpeace.de/files/greenpeace-logo.png
[13] http://www.fonts-online.ru/font/VW-Headline-OT-Black
[14] http://de.ffonts.net/STARWARS.font
[15] http://www.televisiontunes.com/Star_Wars_-_The_Imperial_March
[16] https://www.youtube.com/watch?v=_D0ZQPqeJkk
[17] http://www.televisiontunes.com/Star_Wars_-_Cantina_Song

Aufmerksamkeit hervorrufen. Aufgrund des gewählten Designs, der Schriftart und der mehrmaligen Benutzung des VW-Logos, erweckt die zur Kampagne gehörende Website jedoch insgesamt eher den Eindruck zum Konzern VW zu gehören[18]. Erst bei einer näheren Auseinandersetzung mit dem Inhalt wird klar, dass es sich um eine VW-Kritische Kampagne handelt.

Zudem werden einige spielerische Elemente auf der Kampganen-Website eingesetzt. Mit der Unterschrift der Petition wird ein eigenes Spielkonto angelegt. In diesem ist es dem User möglich Punkte zu sammeln, indem er andere dazu bringt die Petition ebenfalls zu unterschreiben. Eine höhere Punktzahl sorgt für ein höheres Level, was wiederrum einen Aufstieg in der Jedi-Hierarchie mit sich bringt. Hier werden zur Motivation Elemente wie Lichtschwerter, bekannte Figuren aus dem Star-Wars-Imperium und ein Sachpreis in Form eines T-Shirts eingesetzt (vgl. Ferrari 2013).

2.3 Beabsichtigte Zielsetzung

David McTaggert, einer der Begründer der aufmerksamkeitserzeugenden Kampagnen von Greenpeace, fasste zusammen: „Keine Kampagne sollte ohne klare Ziele begonnen werden; keine Kampagne sollte begonnen werden, ohne dass die Möglichkeit auf Erfolg besteht; keine Kampagne sollte begonnen werden, ohne dass man beabsichtigt, sie konsequent zu Ende zu führen" (Pearce 1996, S. 75). Klares Ziel der Kampagne liegt darin, eine möglichst hohe Aufmerksamkeit auf die im ersten Teil genannten Punkte des Pamphlets über VW zu richten. Der Erfolg des VW-Spots bietet gleichzeitig die Grundlage für die von Greenpeace initiierte Kampagne. Die spielerischen Elemente sollen den Ehrgeiz der Teilnehmer wecken und sie so dazu bringen, möglichst viele Personen aus dem sozialen Umfeld zu aktivieren und zu einer Unterschrift in der Kampagne zu motivieren.

Übergeordnetes Ziel ist dabei, VW dazu zu bringen den CO_2-Ausstoß seiner Fahrzeuge zu verringern und sich nicht gegen die von der EU geplanten Vorschriften zur Wehr zu setzen. Durch eine steigende Zahl der Unterschriften,

---

[18] http://www.mobilisationlab.org/wp-content/uploads/2013/04/Jedipage.png

die Greenpeace durch die Kampagne sammeln kann, wächst schließlich der Druck auf VW (vgl. Greenpeace-Pressestelle 2011).

2.4 Wirkung/Resonanz bei den Zielgruppen/Konsumenten

Die Kampagne fand auf Anhieb großen Anklang bei der Zielgruppe. Die Kombination aus Video- und Gamification-Elementen löste eine hohe Aufmerksamkeit aus. So wurde auf Twitter von Juli bis Dezember 2011 der Hashtag #greenpeace 12.000 mal verwendet, der Hashtag #vwdarkside sogar 18.000 mal. Die offizielle Facebookseite konnte 74.000 Fans aufweisen, die wiederum so viele Freunde besaßen, dass eine theoretische Reichweite von 20,3 Millionen Nutzern entstand. Wöchentlich wurden etwa 30.000 Personen mit Beiträgen erreicht. In ähnlichen Dimensionen wurde die Seite für selbstgedrehte Videos besucht. Von den 62.000 Besuchern stimmten 16.000 für ein Video ab. Der Clip von Greenpeace selbst wurde deutlich über 2 Millionen Mal angeschaut. Nachdem das Video von LucasArts gesperrt wurde, da keine Genehmigung zur Verwendung der Star-Wars-Musik vorlag, tauchten hunderte Uploads auf. So war das Video weiterhin zu sehen – eine genaue Zahl über die tatsächlichen Views ist so aber nicht auszuwerten. Die Website zur Kampagne (www.vwdarkside.com) wies mehr als 5,5 Millionen Besucher auf (vgl. Ferrari 2013).

3. A3) Ben&Jerry's macht dich zum Werbestar: „Capture Euphoria"

3.1 Inhalt und Themenschwerpunkt

Ben&Jerrys Social Media Kampagne „Capture Euphoria" begann im Jahre 2012 und gilt als eine der Meilensteine unter den Social Media Kampagnen, die klassische Printwerbung mit modernen digitalen Elementen verbindet. Unter dem Hashtag #captureeuphoria können Fotos auf Instagram, einer Mischung aus Microblog und audiovisueller Plattform, von Zielgruppen hochgeladen und somit für die Masse erreichbar gemacht werden. Ben&Jerrys lädt außerdem sämtliche

Fotos in die „Euphoria Gallery" auf der Website des Unternehmens hoch[19]. Aus allen Fotos werden dann von Ben&Jerry selbst mehr als 25 ausgewählt und besonders geehrt. Die Gewinner werden durch das Unternehmen über eine persönliche Nachricht gefragt, wo sie wohnen, welche Restaurants sie gerne besuchen oder welche Buslinien sie regelmäßig benutzen. Mit den gewonnenen Informationen und dem Gewinnerfoto erstellt Ben&Jerrys daraufhin eine lokale Marketingaktion, indem das Foto auf die Rückseite von Magazinen, Flyer, Plakate oder Aufhängern an Bushaltestellen gedruckt und im Wohngebiet des Gewinners präsentiert wird. Die Reaktionen der betroffenen Personen werden gefilmt und von Ben&Jerrys zur Verbreitung der Kampagne genutzt. Ben&Jerrys betont, sich damit bei seinen Fans bedanken und sie feiern zu wollen (vgl. Mohr 2012).

3.2 Gestalterische Elemente/Corporate Design

Individuelle Gestaltungselemente für ein Unternehmen sind auf Instagram stark begrenzt. Den notwendigen Wiedererkennungswert fördert Ben&Jerrys jedoch durch die Verwendung eines Profilbilds, das die, bereits aus vielen Werbespots bekannte, gezeichneten Kuh und die dazugehörigen Ben&Jerrys Eispackungen zeigt[20]. Für die Aktion selbst ist es nicht notwendig das Profil des Unternehmens zu besuchen. Bereits bei Eingabe des Hashtags #captureeuphoria tauchen alle Fotos, die diesen Hashtag benutzen, auf. Natürlich ist auf einem Großteil der Fotos Ben&Jerry Eis zu sehen, doch selbst unter den Gewinnerfotos finden sich Bilder, auf denen keine Produkte erkennbar sind. Dies lässt die Teilnehmer mehr in den Mittelpunkt rücken und bewirkt zumindest auf den ersten Blick nicht nur wie eine Werbekampagne, sondern tatsächlich wie eine Danksagung zu wirken.

Anders sieht es auf der Unternehmenswebsite aus. Die „Euphoria Gallery", in der nochmals alle eingesendeten Fotos auftauchen, ist im Corporate Design der Marke gestaltet[21]. Sowohl für die Überschriften, als auch für die Texte, werden die, vor allem aus dem Logo bekannten und durch Harvey|Severance

---

[19] http://blog.themissingpiece.de/wp-content/uploads/2012/11/benjerry_captureeuphoria_gallery.png
[20] https://www.instagram.com/benandjerrys/
[21] http://www.thespinalley.co.uk/wp-content/uploads/2012/11/Screen-shot-2012-11-20-at-21.31.12.png

entwickelten, Schriftarten „Chunk Style" und „Severance" verwendet[22]. Auch bei der weiteren Gestaltung wird auf gewohnte Farbkombinationen und Muster geachtet. Auf den Verpackungen und der Website werden grelle Farben benutzt. Der Verpackungshintergrund ist als grüne Wiese, mit Kühen im unteren Bereich und blauem Himmel, mit Wolken im oberen Teil der Produkte dargestellt. Dieses Design findet sich ebenfalls auf der Website wieder[23]. Die schlichte Gestaltung der Website durch die Vermeidung langer Texte und dem stellvertretenden Verweis auf bekannte Social Media Kanäle, sticht außerdem hervor.

Selbiges Design findet sich auf nahezu allen für die Kampagne gestalteten Plakaten mit den aufgedruckten Gewinnerfotos wieder. Das Foto wird somit regelrecht Teil des Corporate Designs und lässt die einzelne Person zu einem Bestandteil der Kampagne und des Unternehmens selbst werden[24].

In den kampagnenunterstützenden Videos setzt Ben&Jerrys ebenfalls auf bereits bekannte Elemente. So wird auch hier, wie aus zuvor erschienenen Werbespots bekannt, der Effekt eingesetzt, der die Videos so aussehen lassen soll, als seien sie mit gebastelten und selbstgemachten Utensilien gedreht worden. Sprechblasen sehen aus wie auf Papier geschrieben und werden an Holzstöckchen ins Bild gehalten und Bilder als zusätzliche Ebene auf den Hintergrund gelegt[25].

3.3 Beabsichtigte Zielsetzung

Primäre Zielsetzung der Kampagne liegt darin, die Reichweite in den sozialen Netzwerken zu erhöhen und das Vertrauensverhältnis der Zielgruppen zum Unternehmen zu stärken. Ebenso zielt die Kampagne darauf ab, die Bekanntheit der Marke zu steigern, ihr Image zu intensivieren und langfristig Kunden zu binden. In diesem Abschnitt sollen vor allem die primären Ziele behandelt werden.

---

[22] http://www.harveyseverance.com/ben-and-jerrys.html
[23] http://www.benjerry.com/
[24] https://blog.kissmetrics.com/wp-content/uploads/2013/01/3-2.BenandJerrys.jpg
[25] https://www.youtube.com/watch?v=wXMxwzekvmw

Als Grundlage für die Teilnahme an der Kampagne wird lediglich ein Instagram Account sowie eine Kamera, über die jedes moderne Smartphone verfügt, benötigt. Um eine höhere Reichweite generieren zu können, werden viele Teilnehmer gebraucht. Die Einfachheit zur Teilnahme selbst ist deshalb bereits ein wichtiger Faktor. Wie bei allen Social Media Kampagnen sollen auch hier einzelne Personen zur Teilnahme motiviert werden. So ist sichergestellt, dass deren soziales Umfeld von der Kampagne erfährt und gegebenenfalls selbst teilnimmt. Spätestens bei dem Gedanken, dass auf lokaler Ebene eine professionelle Werbekampagne mit dem Foto der Person stattfindet, motiviert zur Teilnahme. Gleichzeitig werden die Zielgruppen auf den Account von Ben&Jerrys aufmerksam und folgen diesem möglicherweise. So können dauerhafte Follower generiert werden und die Reichweite steigt exponentiell (vgl. Schiff 2013).

Die Stärkung des Vertrauensverhältnisses und des Images sind dabei weitere wichtige Punkte. Allein die Tatsache, dass individuelle Fotos auf der Unternehmenswebsite wiedergefunden werden können, intensiviert das Verhältnis zum Unternehmen. Es entsteht der Eindruck, dass Ben&Jerrys die Person kennt, wahrgenommen hat und auf der Website platziert hat, auch wenn die Auswahl in der „Euphoria Gallery" vollautomatisch abläuft.

Mit dem Slogan der Kampagne „Capture Euphoria" erreicht Ben&Jerrys vor allem zwei Dinge: Zum einen muss das „Einfangen" von Euphorie in Form eines Fotos passieren. Damit reagiert Ben&Jerrys, bzw. die unterstützenden Agenturen „Silver and Partners" und „Haworth Marketing and Media", 2012 auf den Trend der wachsenden Anzahl von Fotos in sozialen Netzwerken (vgl. Anhang 1). Die meisten Teilnehmer der Kampagne verbinden das ohnehin angenehme und alltägliche mit der Aussicht auf Gewinne und Ruhm in den sozialen Netzwerken, denn die Kampagne bietet auch dem Einzelnen die Chance, seine Reichweite dort zu erweitern. Zum anderen betont Ben&Jerrys mit der Aufforderung die „Euphorie" einzufangen sein Image, welches die Verbindung zu guter Laune herstellen soll. Die Microsite zur Kampagne, die im Ben&Jerrys Design gehalten wird, enthält vor allem Fotos von euphorischen, glücklichen und emotionalen Momenten. Tiere, Babys, lachende Gesichter, Freundschaften, Urlaube und Beziehungen sind nur ein Teil der Situationen, die beim Betrachter Glücksgefühle auslösen und zu tausenden auf der Ben&Jerrys Kampagnenseite zu finden sind und somit mit dem Unternehmen in Verbindung gebracht werden[26].

3.4 Wirkung/Resonanz bei den Zielgruppen/Konsumenten

Die Kampagne wurde von der Zielgruppe außerordentlich gut angenommen und zählt bis heute, 4 Jahre nach Kampagnenende, zu den erfolgreichsten Social Media Kampagnen weltweit. Sie taucht zudem in zahlreichen Rankings zu den besten Onlinekampagnen auf[27].

Mit dem Hashtag #captureeuphoria wurden im Kampagnenzeitraum über 18.000 Fotos aus der ganzen Welt auf Instagram hochgeladen und nahmen so automatisch an der Aktion teil (vgl. Haworth 2016). Bis heute wird der Hashtag für emotionale Fotos verwendet[28]. Auch zahlreiche Medien griffen die Kampagne auf, was zu weiterer Bekanntheit und höheren Teilnehmerzahlen führte. In drei Monaten wuchs die Zahl der Follower auf Instagram bei dem dort ohnehin sehr beliebten Unternehmen um 22% an (vgl. Schiff 2013), insgesamt um circa 40% (vgl. Haworth 2016). Zudem schaffte Ben&Jerrys es mit seinen Kunden in einen Dialog zu treten und sorgte so zur Imageverbesserung.

2013 wurde die Kampagne mit dem Adweek's 2013 Project Isaac Award ausgezeichnet[29].

Ben&Jerrys genießt auf Instagram weiterhin einen guten Ruf. Für einzelne Länder gibt es sprachlich ausgerichtete offizielle Acounts[30]. Der amerikanische Account hat circa 674.000 Follower[31] und der Hashtag #benandjerrys wurde zum Zeitpunkt der Erstellung dieser Arbeit bereits für über 718.000 Fotos und Videos verwendet[32].

---

[26] https://s-media-cache-ak0.pinimg.com/236x/e5/e6/c1/e5e6c116953f784e58e1fc26962930a6.jpg
[27] Siehe z.B.: http://tobesocial.de/blog/beste-social-media-kampagnen-2012-social-media-marketing-erfolg
[28] https://www.instagram.com/explore/tags/captureeuphoria/
[29] http://www.adweek.com/sa-article/adweek-project-isaac-celebrating-inaugural-winners-149769
[30] Siehe z.B.: https://www.instagram.com/benandjerrys_offiziell/
[31] https://www.instagram.com/benandjerrys/
[32] https://www.instagram.com/explore/tags/benandjerrys/

Literaturverzeichnis

Chip.de (2014): Coca-Cola: Social-Media bringt Verkaufsplus. Online unter: http://www.chip.de/news/Coca-Cola-Social-Media-bringt-Verkaufsplus_73017401.html [19.11.2016]

Coca-Cola Salesfolder (2013): Trink 'ne Coke mit deinen Freunden. Online unter: www2.coke.de/2013/shareacoke/download/Share_a_Coke_Salesfolder.pdf [19.11.2016]

Effner, Stefanie (2013): Eine Coke auf die Freundschaft - Neue Kampagne ermöglicht personalisierte Coca-Cola. In: Presseportal. Online unter: http://www.presseportal.de/pm/7974/2503930 [19.11.2016]

Ferrari, Jay (2013): Half million ask Volkswagen not to give into... The Dark Side. In: Mobilisation Lab. Online unter: http://www.mobilisationlab.org/half-million-ask-volkswagen-not-to-give-into-the-dark-side-case-study/#.WDLbZSSGOXc [19.11.2016]

fischerAppelt AG (2014): Die Kampagne „Trink 'ne Coke mit" wird in Frankfurt mit einem GWA Effie in Gold ausgezeichnet. Online unter: https://www.fischerappelt.de/blog/2122/ [19.11.2016]

Greenpeace e.V. (2011): Die dunkle Seite des Volkswagen-Konzerns. Berlin.

Greenpeace-Pressestelle (2011): Volkswagen: Greenpeace enthüllt die dunkle Seite des Automobil-Konzerns. Online unter: https://www.greenpeace.de/presse/presseerkl%C3%A4rungen/volkswagen-greenpeace-enthuellt-die-dunkle-seite-des-automobil-konzerns [19.11.2016]

Haworth Marketing + Media (2016): Personalized Out-of-Home. Online unter: http://www.haworthmedia.com/work/personalized-out-of-home/ [19.11.2016]

Hegemann, Lisa (2014): Coca Cola darf auf sich selbst anstoßen. In: Handelsblatt Online. Online unter: http://www.handelsblatt.com/unternehmen/handel-konsumgueter/erfolgreiche-kampagne-coca-cola-darf-auf-sich-selbst-anstossen/10768146.html [19.11.16]

Mohr, Kelly (2012): Ben & Jerry's Celebrates Instagram Fans with Launch of "Capture Euphoria". In: Business Wire. Online unter: http://www.businesswire.com/news/home/20121116005688/en/Ben-Jerrys-Celebrates-Instagram-Fans-Launch-Capture [19.11.2016]

Nowland, Wendy (2014): GWA Effie 2014: Die 17 effektivsten Kampagnen wurden ausgezeichnet. In: Presseportal. Online unter: http://www.presseportal.de/pm/43616/2863073 [19.11.2016]

Pearce, Fred (1996): Greenpeace: Storm-Tossed on the High Seas. In: Bergesen, Helge Ole; Parmann, Georg: Green Globe Yearbook 1996. Oxford: Oxford University Press.

Saal, Marco (2013): Freunde-Kampagne: Warum Coca-Cola erstmals seinen Schriftzug von den Flaschen verbannt. In: Horizont. Online unter: http://www.horizont.net/marketing/nachrichten/-Freunde-Kampagne-Warum-Coca-Cola-erstmals-seinen-Schriftzug-von-den-Flaschen-verbannt-114984 [19.11.2016]

Sanburn, Josh (2016): How "The Force" has remained the most shared Super Bowl ad of all-time. In: Time Magazin. Online unter: http://time.com/3685708/super-bowl-ads-vw-the-force/ [19.11.2016]

Schiff, Allison (2013): Ben & Jerry's Serves Up Instagram Awesomeness. In: Dallas Morning News. Online unter: http://www.dmnews.com/creative-campaign/ben-jerrys-serves-up-instagram-awesomeness/article/286049/ [19.11.2016]

Schobelt, Frank (2013): Berühmte Brause mit neuen Namen: Coca-Cola trennt sich von seinem Schriftzug. In: Werben & Verkaufen. Online unter: http://www.wuv.de/marketing/beruehmte_brause_mit_neuen_namen_coca_cola_trennt_sich_von_seinem_schriftzug [19.11.2016]

Scholz&Volkmer (2015a): "Trink 'ne Coke mit....". Online unter: http://www.s-v.de/detail-multi.php?id=696&lang=de [19.11.2016]

Scholz&Volkmer (2015b): "Trink 'ne Coke mit....". Online unter: http://www.s-v.de/detail.php?id=696&lang=de [19.11.2016]

Sperlich, Thorsten (2014): Warum hat Coca-Cola ein Happieness Institut gegründet. In: Coca-Cola Journey Institut. Online unter: http://www.coca-cola-deutschland.de/stories/warum-hat-coca-cola-ein-happiness-institut-gegruendet [19.11.2016]

Anhang

Anhang 1

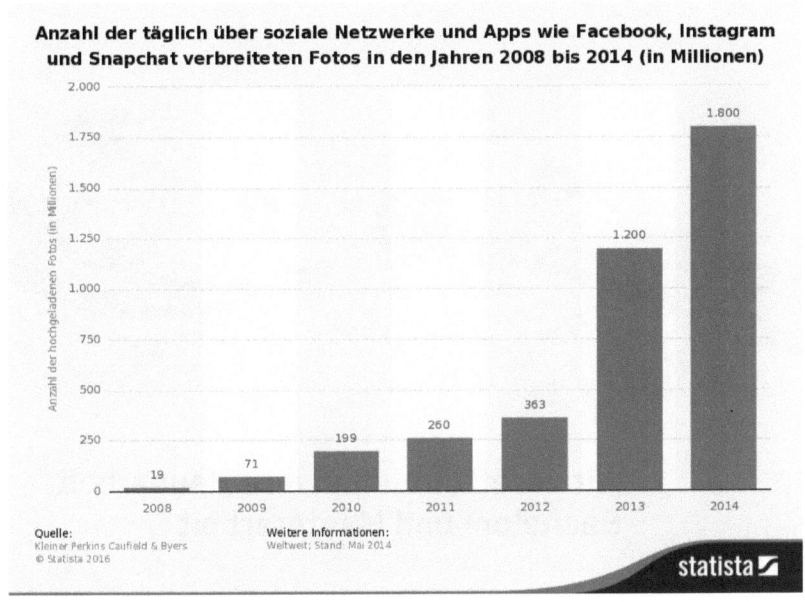

Quelle: www.statista.com